No sé si esto nos va a volver a pasar

Natalia López
Prólogo de Belén Zavallo

LIBROS DEL
NIDO

Diseño de la cubierta: Melina Belén Agostini
Prólogo: Belén Zavallo

ISBN: 978-84-127750-3-7
Depósito Legal.: B-10107-2025

Índice

Prólogo

Señales, ofrendas, velos que caen mientras se levanta la primera mirada. El asombro como una búsqueda en la poética minimalista de la voz que le pone cuerpo a estos poemas. Una película de una vida. La fuga en la autopista y el devenir siendo madre que escribe.

Me gusta leer a mis amigas y me gusta ser amiga de mujeres que maternan, trabajan de otra cosa y que, pese a todo, insisten en la escritura.

Escribir una postal y enviarla a futuro. Como una pluma que junta para saber que se sobrevive, y que pese a todos los cambios y las transformaciones del cuerpo, la mujer que quiere agarrar el deseo sostiene en su boca el pico del pájaro. Y canta. Aún cuando maneja su auto por avenidas inmensas, con la fatiga y el miedo en su cara. La voz es una certeza, dice y nombra aquello para que lo veamos, entre tanto atropello, esta voz, la de Natalia es la de una directora que arma con palabras una película y ahí se vislumbra un parque donde encontrarse.

Ella, la voz, y la que ocupa el lector, sobre todo si es mujer, y sobre todo si es hija, y si es madre de una madre nueva, y si es varón al que le importa descifrar cómo sienten los cuerpos que vienen como capas, y ahí en la lectura, entiende. Entonces pienso que esta experiencia de leer es ser otras, es comprender los misterios que permanecen guardados entre líneas. Se es más humano, se es más mujer y mejor hombre después de leer este libro porque nos permite visualizar no desde lejos, sino ver cómo ve la vida una voz que insiste en contar cómo se inaugura una familia y se refunda una pareja y se establece un vínculo. Es un libro para estar junto a otros.

«Algo de la voz y de las palabras te va a quedar en el cuerpo», dice la madre a esa hija que nace después de un varón y se alegra, porque ya no están solas. Y ahí pienso que la escritura de Natalia es un extender las redes, como en esas pescas que se abren sogas anudadas que no distinguen lo que levantan del fondo y hacen que aflore de lo profundo: peces, algas, botellas, fósiles, el sexo posparto, los vasos de cerveza o que incluso levanten a alguien que permanecía ahogado.

Belén Zavallo[1]

---

[1] Poeta y narradora entrerriana.

De *La suerte en el error* (2018)

Para León y Cata

Porque no hay razón para nada,
un día algo está sano,
la mañana siguiente lo arrancan de raíz.

Luis Chaves

Segundos

Aterrizaje complicado.
Me saco los auriculares y miro por la ventana.
Si voy a morir, quiero estar atenta.

Autobiografía

Soy los ojos verdes que ves.
Nací en 1980, casi millenial pero no.
Estoy entre una hermana nacida en el principio de una
/dictadura
y otra nacida al final de una primavera.
Mi madre está viva y su espíritu es joven,
mi padre está vivo pero sus olores son ya los de un viejo.
El día que vi la luz, el edificio Cóndor se derrumbó[1] en la
/esquina;
caía una lluvia torrencial y según el relato de mi madre
nadie me prestaba atención, todos miraban por la ventana.
La lluvia y los escombros,
el espectáculo del morbo.
A veces me pregunto si es por eso que necesito tanto amor
si ese preciso instante es el origen de mi inmadurez
si todo lo que me pasó hasta ahora no estaba desde ahí
predestinado.

---

1 Se refiere al derrumbe del edificio Cóndor, sede de la fuerza aérea argentina, que se produjo en diciembre de 1980.

De estación

Lo deseó tanto,
como a los helados
cuando solo se conseguían en verano.

Estereotipo positivo

¿De quién habrás heredado
todo tu miedo?
El estereotipo no es exacto
y me gusta más
la idea que armé en mi cabeza
que cuando te tengo enfrente y
me mirás
con esos ojos
que no saben
qué pedir hoy.

Sin título

Un patio de cemento
lleno de plantas que sobreviven con el sol de la
                                        /tarde
una casa cayéndose a pedazos por falta de man-
tenimiento
tu boca que ahora solo sabe decir cosas revolu-
cionarias
un discurso sin fisuras
sos una de las repetidoras que tienen las radios
en el interior.

No, no dijiste una de más
tranquilo, estamos en una
oficina sin ventanas
un escritorio con las referencias justas
dibujos de algún groso del surrealismo
tu boca que no para de decir lo que escuchaste,
lo que leíste ayer.

Por favor, no cantes,
no hables,
dejá esa birome[2] quieta.

---

2 De Birome®, marca reg., acrón. de L. Bíró, 1899-1985, inventor
hungaroargentino, y J. J. Meyne, industrial húngaro y socio del
anterior: «bolígrafo» (extraído del Diccionario de la RAE).

En la autopista

La lluvia, como un río, nos llevaba flotando. Una
/tropa haciendo nado sincronizado, y las luces
/rojas como única guía.
Avanzábamos en cámara lenta. Cada movimiento
/era un acto de fe.

Intenciones

Quiero escribir una historia
de amor y decepción,
de contradicciones internas,
de procesos y de crecimiento.
Pero eso sería tan largo
como una novela de Almudena Grandes.

Tal vez es mejor decir esto y nada más:
cada vez que mi mirada se cruza con tu cara
sigue ahí la intención manifiesta
de acariciarla.

Ofrenda

Que caiga el velo
y la ilusión
y el azar
y la atracción.

Tachar la lista
y repetir
cada noche y cada mañana
como un mantra:
esto es ínfimo,
esto es ínfimo.

Señales

¿Te acordás de lo que pasó en un rincón del barrio
/Saavedra?
Era una tarde de sol, los autos desfilaban al costado.
Después de eso nos subimos a tu moto,
yo perdí un aro cerca de aquel árbol.

Volvimos a la semana siguiente
y lo encontramos
y nos reímos
y nos besamos
como si eso fuera señal de algo.

Boipeba[3]

En la playa te veo distinto:
relajado,
de buen humor.
Estás feliz,
en tu hábitat.
Me hacen acordar, esos momentos,
a nuestra primera época, cuando
te podía mirar bien a los ojos.

---

3 Isla del litoral brasileño de Bahía.

Volver

Hablabas de un libro con emoción,
y de repente me pareció ver
eso que había olvidado
y que fue lo que más me gustó
cuando nos conocimos.

Once helados

Hay un cartel en la calle que dice
tu nombre, tu cara, tus cosas.
Cuando no puedo evitar mirarlo,
pienso que por ahí
pasamos catorce veces
tomamos once helados
en esa heladería italiana
atendida por su dueño
de bigotes raros
parecidos a los tuyos.

Bajar

Pasar de un boliche con música,
humo y baile
a una casa donde no queda más
que el espíritu bobo
de todo lo que no pudo ser.

Con resaca y sin bañarme

Me lavé los dientes, la cara, y salí
con los lentes negros para disimular
que a las diez de la mañana
el sol me quemaba la piel.
La garganta seca, el cuerpo
en modo ahorro de energía
y un jugo de naranja exprimido
que no contiene las vitaminas suficientes
para limpiar lo de anoche.

Cumpleaños

Se acerca el día de tu nacimiento y ya somos grandes, no hay tanto festejo. Pero a mí me gustaría hacer algo diferente este año. Siempre es como un aniversario, nos tomamos el día, comemos torta, nos mimamos. Esta vez quisiera llevarte a un campo, que juntemos flores y comamos un asado. Después tal vez podríamos dormir la siesta bajo un árbol.
No nos haríamos ninguna promesa.

Iglú

Nombres en clave,
eso también era parte de
nuestro pequeño mundo
y así
sin mucho esfuerzo
pasábamos los inviernos.

Loop

Todavía me parece
que vas a venir un día
y me vas a decir lo que ya no quiero.

En qué franja del mundo estoy
en la que hace qué
en la que cree en qué
en la que jamás piensa en qué

Clara Muschietti

Un jardín perfecto

Hay una nube que se despliega sobre la General Paz
a los autos de la derecha los ilumina el sol de
/otoño
los de la izquierda avanzan a velocidad crucero.
La ciudad es agobiante
como ser mujer en este mundo:
caminar a diario con los zapatos embarrados
encontrar un jardín perfecto
donde descansar
y no tener acceso.

Contá hasta cien

Hoy hace un calor asqueroso,
perdí las llaves,
perdí los parámetros,
y no es una cuestión de perspectiva.

No sirvió de nada
tratar de volverme zen
en una hora y media.
Hay que esperar
a que baje el enojo
y suba la mecha
de la apatía.

En la trinchera
se aguanta
—hay que esperar—
los síntomas aparecen
cuando estás a salvo.

Entre nosotros

Quisiera saber si alguna vez
se van a poder leer las mentes
para averiguar lo que de verdad pasó entre nosotros
en tu versión del desamor.

Parte II

Hay una fragilidad
en los días que vivimos
en esta segunda parte
de la vida elegida.

Nada es como antes,
nada es definitivo.

El futuro es incierto
y eso
es lo mejor
que nos puede pasar.

La política del país

Dejás los platos apilados
no uno al lado del otro
como te enseñe por décima vez
para que no se ensucie lo de abajo.
No es lo mismo lavar todo a fondo
que darle duro a un solo lado
y al otro enjuagarlo nomás,
que le caiga el agua caliente.
No es lo mismo que estés de buen humor
que cuando venís con los cables cruzados.
¿Quién te banca ahí?
¿Por qué no te vas a correr más temprano?
¿Por qué no te fumás el porro antes?
No quiero aguantar tu arbitrariedad
no quiero que me digas lo que tengo que hacer
mientras lo hago.
Cocinar y que me expliques que el arroz
se pone cuando el agua hierve o que me preguntes
                                        /por qué
corté el tomate desparejo.
Me gusta más cuando te reís y me decís
que me falta técnica
pero que me sale rico, cuando
me invitás a una cerveza
a mitad de la semana
y me charlás sin parar
de fútbol
de tus hermanas

de tus viejos y sus planes insólitos
del filósofo que estuviste escuchando
a la mañana
de que vas a intentar correr al menos cincuenta
minutos,
de lo último que pasó en la política del país,
del cagazo que tienen todos en el laburo
a pesar de haber votado
al partido que los quiere rajar.

Un momento de felicidad

Es como ese día en que volvimos
y todo parecía difuso e inestable
hasta que te sentaste y me miraste a los ojos
como nunca
te pusiste serio y me dijiste
que no te daba lo mismo.
Y yo que venía liviana
sin expectativas
ni rencores
por primera vez entendí
eso que dicen
sobre la suerte en el error.

Dos vasos congelados

La lluvia tropical dejó
un saldo de ranas y sapos
arroz con pollo recalentado
y un juego de cartas trunco.

Las cosas no salieron como esperábamos
pero le pusimos sexo y
manteca salada
a la tarde que se fue
con un mar negro imitando el cielo
y una cerveza en vasos congelados
como muestra de amor del día.

Unas dudas enormes

Tenía una panza enorme
dudas enormes y
una fantasía también
enorme
sobre
lo que podía llegar a ser
la maternidad.
Como un oficio
que no se aprende
nunca
pero que se ensaya
sin tiempo
cuando ya estás
ahí
y no podés hacer otra cosa que
ocuparte
(no preocuparte).
Los últimos meses tenía también
miedo
y le preguntaba a mi mamá
si lo iba a querer
a mi propio hijo.
Se rió
al principio
pero después
con la seriedad que merece
el tema
dijo: «Sí,
quedate tranquila».

Mi nene

Se quiere vestir solo, comer solo,
hacerse la chocolatada.
A eso tenía que llegar
y lo hace a medida que crece y con el orden
que imponemos cuando no nos olvidamos
cuando no estamos distraídos viviendo
nuestra propia vida
que es compartida pero
hay asuntos que no lo incluyen,
que estaban de antes.
Costumbres, hábitos, rutinas
que hubo que modificar
para llevar adelante esto
que necesita:
no mirar muchos dibujitos
no acostarse tan tarde
hacer actividades, salir
ver a la familia, estar con nosotros
participar en el amasado de la pizza
saber que el horno no se toca
lavarse los dientes en lo de la abuela
desterrar a la tablet que lo aliena
charlar, charlar
que entiende todo
escuchar, dejarlo hablar
hacerlo sentir seguro
hacerlo sentir querido
que ponga la mesa,

que riegue las plantas
que aprenda lo que es el respeto
que aprenda a divertirse con su imaginación
que aprenda que a veces hay que bancarse un no.
Lo veo mimoso, con autoestima
lo veo habilidoso, activo
lo veo interesado por las cosas que pasan a su
                                              /alrededor
atento y considerado con los demás.
En el jardín dijeron que duerme mucha siesta
y que se despierta de mal humor
también dijeron que es un nene educado y cariñoso.
¿Con cuál versión de vos mismo te quedarás?

Skype

Las canciones por Skype funcionan,
me hacen sentir segura.
Respondés solo a eso y está bien.
Canto para confirmarlo.

Delia

Nunca me contó por qué le pusieron ese nombre,
nunca me contó demasiadas cosas,
no es una gran narradora de su vida,
y sin embargo una vez
la llevé de viaje a su pasado.
Fuimos ella, Flor y yo
1.000 km en auto hasta Misiones
1.000 km hasta Oberá, su ciudad natal.
Y ahí algo contó
y ahí
algo vi:
que sus parientes vivían
detenidos en el tiempo
que ya no tenía nada que ver con eso,
ni con las gallinas y su forma de matarlas,
apretando bien el pescuezo.
O con la opulencia de una tía
que solo le recordó
el hambre que ella y su hermana muerta pasaron
por el orgullo de su padre
y la inacción de su madre.
De ahí sacó su manía por el ahorro,
de ahí sacó la bondad y la culpa,
de ahí salimos nosotras
a las que siempre nos inculcó
la hermandad por sobre todas las cosas.
Gritabas mucho,
incluso cuando me caía.

En esos momentos pensaba:
«ya me duele el golpe como para, además,
bancar tu reto».
Y me prometí que
cuando tuviera un hijo
no iba a gritarle nunca.
Ahora
lo único
que puedo pensar
es en todo lo que no sabía que habías hecho
para que yo sobreviviera en este mundo.

Autocine

La luna estaba enorme,
corría el viento justo,
de vez en cuando un avión atravesaba el cielo.

De *Mientras dure* (2021)

Y después
un día, me miró, como si
me conociera. Recostada en el hueco de mi brazo,
alimentada, y
me miró como si me recordara.

Sharon Olds

EN TIEMPO REAL

Primeros días

Deambulo por la casa
bombacha, corpiño y discos
de algodón.
Quiero evitar
manchar los pisos
ser una fuente de leche
solo para mi bebé.

Don't panic

La primera vez
volví muy rápido;
quería corroborar
que mi vida seguía ahí.
Tenía pánico
de que todo terminara
de conseguir menos
de lo que había imaginado.
Voy a dejar
que las cosas pasen
en tiempo real
voy probar qué se siente
actuar como una mamá.

No sé si esto nos va a volver a pasar

El momento en que notás
el paso de los años
la longitud medida en piernas
la gracia de una vida encendida
el desborde emocional
bajo control.

En qué franja cabe mi felicidad de hoy

Clara Muschietti

Mientras dure

Dicen que es mejor no decirlo
te aconsejan
seguir la cábala
jugar de callada
pero hace poco fui madre
y el puerperio va bien
y tengo ganas de escribir
y todo es más ameno que
cuando te pasa por primera vez
y quizás
decirlo
no esté tan mal
dejarlo registrado
porque esto, ya sabemos,
viene y nunca
sabemos cuándo
se va
pero mientras dure
ay, qué hermoso, mientras dure.

Qué, cómo, cuándo, dónde

Ya viví muchas vidas
y todavía no sé
qué es el amor;
si es el primer flechazo,
la carne que tira
la conexión invisible
o si es cuando se va
la emoción.

Temporada

Quiero salir a la calle
sentir el aire de la mañana
ver la descarga de mercadería
en los locales del barrio
comprar frutas.
Pero estoy adentro
amanezco transpirada
con olor a leche,
ojeras y dolor de espalda,
tengo la ropa manchada,
me agarrás el corpiño
cuando te alimento;
es temporada de frutillas.

Neto

A veces me despierto con energía
te hablo, invento canciones
te quiero sacar
un gesto,
provocar
que tus ojos sigan
los objetos que muevo;
que sonrías.
A veces me aburro
y solo quiero
que te quedes dormida
que respires bien
que me dejes
tiempo.

Supervivencia

Averigüé
cómo tenía que abrirte la boca
conseguí unos casquillos
para que no me roce el corpiño
me sentí Afrodita
pero fea
aprendí que de vez en cuando
hay que sentarse al sol
pasarse con cuidado
la propia leche.

Una postal

Cuánto más fácil es
si las amigas están
al teléfono
en las caminatas por la ciudad
alertas como leonas.
El objetivo es descubrir heladerías
hablar de las cosas
más insignificantes,
escribir una postal
y enviarla al futuro de nuestras mentes,
preparar el terreno,
crear redes.

Río manso

La noche que nos volvimos a encontrar
estaba nerviosa, pero fue fácil,
vos ya sabías cómo hacer para que todo fuera
un río manso
como el de San Marcos;
de a poco
me desvestiste, yo te pedí
que la fuerza la hicieras vos
pensabas que era mejor de otra manera
pero después entendiste
lo que te decía:
que tuvieras el control.
Abrí las piernas
con la libertad que me dio el parto,
antes de eso todavía guardaba
algo de pudor
una contención involuntaria;
tu boca se acercó
abrí las piernas como nunca
y esperé.

20.35

Vuelvo al momento en que saliste
y me pregunto qué o a quién
habrás visto primero.
¿Quedará lo que percibió tu retina
guardado en algún lugar
del inconsciente?
¿Afectará tu esencia
y tus relaciones?
Decidiste ser rápida
encontrarte conmigo
y con tu papá
en nuestro mayor idilio en años;
estuviste perfecta
te limpiaron
te dieron las primeras vacunas
y te prendiste a mi teta
como si ya hubieras practicado
infinidad de veces.
Vuelvo al momento en que saliste
y siento el dolor desintegrarse
mientras esperamos los tres en un pasillo
a que nos den una habitación
un lugar para empezar
otra vez.

Voy a estar tan llena de fuego que no me van a poder
/extinguir
antes de que llegue la belleza quiero estar tan llena de
/fuego

Dorothea Lasky

Primero tuve un hijo

Cuando quise ser madre otra vez
tenía ganas de que fuera una nena
no como antes
que creía que el mundo
era demasiado injusto
que las mujeres
teníamos demasiada desventaja;
no quería tener un ser que sufriera lo que nues-
tra generación
y las anteriores
no quería
tener miedo.
Mi cuerpo sabio
primero me dio un varón
pero tuve miedo igual:
la madre que estaba naciendo.
Pensé que nunca más iba a querer parir
que ya tenía todo
pero te busqué
y vos viniste
con la potencia única
de siglos de resistencia.

Sol y luna

Todo
absolutamente todo lo que construimos
es gracias y por culpa nuestra
la casa, el auto, la forma de ser
de nuestro hijo
el egoísmo en estado puro
¿dónde lo aprendimos?
Los astros dicen que somos
sol y luna
miel y jengibre
el impulso libre
de una idea viable
un camino sinuoso
al costado del precipicio
una montaña con neblina
llanos verdes que aparecen
como magia.

Algo

Antes que ella y que él
antes de sentir
deseo verdadero,
perdí algo.
Estuvo adentro mío un mes, algo
había dado mal en los análisis
un número bajo
dijo mi doctora
y en el chequeo
un ecografista desconocido
con un gesto imperturbable
me confirmó que no,
no había más latidos.

La forma

Necesitamos encontrar la forma
un modo de ser y estar con una bebé
y un niño con usos y costumbres propias
con una vida independiente que nos costó
paciencia y ganas.
Necesitamos encontrar la forma
una solución rápida al caos de los primeros meses
el factor clave
la redistribución
de los espacios.
Necesitamos encontrar la forma
las palabras que sirvan de guía
el alivio del saber que todo tiene
un tiempo que pasa
que se termina
que cambia.

Partera

Me dijo cosas que
en medio del dolor
no se pronuncian.
A mí que presto especial atención
a las palabras,
que perdono
pero no olvido.

Divino tesoro

Cuando vos y yo éramos jóvenes
queríamos estar juntos
ser una familia
tener hijos, tener
amantes
vivir la vida como si las acciones
no tuvieran consecuencias.
Creíamos en la libertad
odiábamos el caretaje[4]
hablábamos como si supiéramos cómo
llevar adelante el amor,
la amistad
y otros misterios.
Estábamos seguros de que a nosotros
no nos iba a tocar
la peste de la decepción
el cansancio proyectado
las ganas
de salir corriendo.

---

4 Hipocresía, adopción de falsas actitudes o comportamientos
(extraído del Diccionario de Americanismos de la Asociación de
academias de la lengua española).

DE LA NOCHE AL DÍA

De la noche al día

Te cambio en penumbras
con la reserva de fuerza que me queda
te doy la teta, espero
te acuesto en mi pecho, te doy
palmadas en la espalda
nos dormimos
te acuesto
te escucho, te espío
—vuelvo a dormir—
te cambio
te beso
doy la teta
con la reserva de fuerza que me queda
hablo, te miro
te cambio, desayuno
doy la teta, descanso
te espío, te alzo
te duermo, hago pis
te escucho, charlo
te cambio, me baño
doy la teta, te beso,
miro las noticias
te dormís
me duermo
te escucho
doy la teta
te pongo en mi pecho
espero
con la reserva de fuerza que me queda.

We can be heroes just for one day
David Bowie

Alimentar es un superpoder

Tomás de una teta y empiezo a sentir
cómo se carga la otra.
La sensación
de venas inyectándose
un río de leche que empieza a correr con más
intensidad
un escudo que se arma para sostener
ese poder que viene
con una gran responsabilidad.
¿Será por eso que algunas mujeres
tienen tantos hijos?
Se infla el pecho cuando damos de comer
literal
hay una trama intangible que se construye
un método que no falla.

No sé nada

Al mes, te reís, balbuceás,
me mirás con ojos de mirada embelesada.
Tengo la capacidad de responder al más mínimo
                                    /gesto,
te huelo y soy un animal
el jabón de glicerina, tu piel suave
quisiera meterme adentro de tu boca.
Mi otro hijo pide un cuento, lo leo rápido
para volver
te podés despertar, podés necesitar
mis brazos, mis ojos
no sé nada sobre
ser madre, pensé
que había aprendido
pero todo lo que estoy viviendo
otra vez
es nuevo.
¿Qué voy a hacer cuando me pidas un cuento y
/no tenga que irme
a ningún lado?
¿Por qué otra razón voy a estar apurada?
¿Qué voy a hacer cuando tenga un hijo adolescente
/y pierda esa mirada?

El amor

Quiero abrazarte por las cosas más insólitas
como ayer que te estabas por dormir y me acor-
dé de las masas secas
que compraste para Año Nuevo.
Qué bien que estuviste, te dije. Y te puse una
mano en el pecho
apoyé mi cuerpo contra tu espalda
y con la voz entrecortada me respondiste
—sorprendido de que te estuviera hablando de
eso seis noches después—
me acariciaste la pierna, subiste,
te quedaste ahí
inmóvil
como preguntando
si quería seguir.

Cuando sea grande

Voy a intentar ser como vos
tranquila y sonriente y hermosa
no te voy a trasladar mis traumas
voy a aprender de vos
que no tenés ninguno
y si vienen
los vamos a resolver juntas.
Tenemos mucho que hacer:
leer lo que te guste de la biblioteca
regar las plantas cuando no les dé el sol
hacer un picnic para tu cumpleaños
alimentarnos bien, tomar agua
aprender a cuidar el pez de tu hermano.
Acá pasan muchas cosas
vivimos en un país entretenido
las noticias vuelan
ahora tenemos un ministerio
el verano recién empieza
como tu vida
como la mía
voy a intentar ser como vos
copiarte en todo
seguro sabés más.

Registro 24

No hay horas
hay hormigas en el patio
mates olvidados en rincones de la casa
dolores extraños y
llantos aleatorios
escritos por la mitad.
Hay pañales sin tirar
siestas sin dormir
reclamos infinitos.
La cabeza tiene más capacidad
para registrar eso,
las alegrías son fugaces,
se olvidan
como el parto.

El lenguaje es un misterio

Cuando estabas por nacer decíamos
que íbamos a tener que adivinar
lo que querías
según el llanto,
la alegría,
los gestos.
Ahora vemos
que las adivinanzas son
solo un juego,
a lo demás
le vamos poniendo un código
entre las dos.

Trabajo hogareño

Me llaman de relaciones laborales
no voy a cobrar
por ciento ochenta días
corridos.
La burocracia sabe
que voy a estar
al trote,
sabe
de las noches sin dormir
de despertares bruscos
para ver si respirás.
Pero no pueden pagar
tanto trabajo hogareño
solo valen las horas livianas
cumplidas en la oficina.

Descubrí algo que se llama lectura para bebés

No sabía que podían prestar la atención
que requiere un libro
pero lo probé
cuando cumpliste tres meses
y te quedaste escuchando
y mirando las imágenes de una adaptación
de veinte mil leguas de viaje submarino.
Te quedaste
hasta que dije
y colorín colorado
este cuento se ha terminado.

Llueve y te muestro la lluvia

Cuando era chica, apenas lloviznaba,
mi papá me decía que faltara al colegio.
Creía que todo era más peligroso con el agua:
el tránsito, las baldosas, la electricidad.
Venía a mi cama, me tapaba y me decía:
«Quedate que llueve».
Ahora pasó octubre, noviembre, diciembre,
enero y febrero,
vimos juntas las lluvias de esos meses
en el patio de casa;
una vez te expuse a propósito, para ver qué hacías:
cerrabas un poquito los ojos
pero no te quejabas.
Otras, desde el ventanal, nos quedábamos las dos
mirando si caía fuerte o si eran
gotas finitas;
las plantas en silencio
nosotras también.

La fe de las religiones

Miento
cuando te sonrío a pesar
del dolor de espalda
cuando te alzo y ya no me dan los brazos
cuando vamos a pasear solo para que te duermas
pero después no,
después digo la verdad
cuando te leo un cuento con la fe de las religiones
y sé que algo de mi voz y de las palabras
te va a quedar en el cuerpo
como una caricia suave
para cuando yo no esté y vos me busques
y agarres un libro y ahí
me vas a encontrar.

Madre e hija

Por qué será que ahora
que somos dos mujeres en la casa
estoy contenta
por qué será que creo que vamos a llevarnos bien
que ni los horóscopos, ni los planetas, ni el
/patriarcado
nos van a afectar, nadie
se va meter con nosotras
vamos a hacer un pacto tácito
vos y yo
madre e hija
nada
nos va a vencer.

Agradecimientos

A Clara Muschietti por alentarme.
A Marina Gersberg por su lectura atenta.
A Marcos Gras por confiar.
A mi familia y a mis amigas por el aguante, siempre.